KB204263

青山白雲

청산백운

초판1쇄 인쇄 2016년 3월 16일
초판1쇄 발행 2016년 3월 25일

지은이 | 정우
펴낸이 | 남배현

기획 | 모지희
책임편집 | 박석동

펴낸곳 | 모과나무
등록 2006년 12월 18일 (제300-2009-166호)

주소 | 서울시 종로구 종로19, A동 1501호
전화 | 02-725-7011
전송 | 02-732-7019
전자우편 | mogwabooks@hanmail.net

디자인 | 동경작업실

ISBN 979-11-87280-01-9   03220

이 도서의 국립중앙도서관 출판예정도서목록(CIP)은
서지정보유통지원시스템 홈페이지(http://seoji.nl.go.kr)와
국가자료공동목록시스템(http://www.nl.go.kr/kolisnet)에서
이용하실 수 있습니다.(CIP제어번호: CIP2016006903)

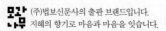 (주)법보신문사의 출판 브랜드입니다.
지혜의 향기로 마음과 마음을 잇습니다.

동암정우 禪詩

青山白雲

청산백운

모과
나무

여기에 실린 선시禪詩는 안거 정진하면서 일어나는 마음을 적어 둔 오래된 기록들입니다. 봉암사, 해인사, 송광사, 상원사, 수도암, 칠불사, 정해사, 망월사, 통도사, 태안사, 화엄사, 벽송사 등에서 한 철 나면서 절집 생활과 정진하는 가운데 일어나는 번뇌들을 모은 것입니다.

선禪은 말과 글을 부정함으로써 그 생명을 갖습니다. 이 얼마나 통쾌무변한 일입니까. 하지만 여기 실린 시들은 오직 말과 글로부터 해방된 마음속의 진면목으로 가는 선의 핵심만 담고 있는 것이 아니라 그 선수행의 배경까지 담고 있습니다.

일체를 부정함으로써 일체의 진실을 얻는 선불교의 특징에도 불구하고 우리가 살아온 삶의 터전과 칠십의 세수를 지나며 남은 생에 대한 회한까지도 나의 화두이며 깨달음이었기 때문입니다. 번뇌라 버리고 억누를 것이 아니라 그 번뇌를 있는 그대로 봄으로 더욱 자유로울 수 있고 진면목을 발견할 수 있는 겁니다.

나는 글 쓰는 사람이 아닙니다. 그래서 나의 기록들을 문학의 눈으로 보면 어떨지 모르겠으나, 참선 수행자로서의 치열한 삶과 그 여정의 울림을 솔직한 마음으로 썼다는 점에서 선시라고 말하고 싶습니다. 홍안 소년의 출가부터 일갑자를 지난 지금까지의 삶이 곧 수행이었고 화두였기 때문입니다.

철마다 선방에 들어앉는 노승의 넋두리라 생각하며 가볍게 읽기를 바라며, 또 자신의 문제로 끌어들여 반조하는 깨달음의 시간이 되기를 바랍니다.

동암산방東巖山房에서

정우正愚

차례

청산백운을 누가 알아?
다만 청산은 백운이 알고
백운은 청산이 알 뿐이지!

青山白雲

한 물건

나에게 한 물건이 있으니
태양이 여기 와서 화상입고
달이 여기 와서 얼어붙는다
진묵겁전塵墨劫前부터 있었고
영겁永劫을 지나도 남아 있어
나의 주장자에 꿰어 있도다
이 도리를 안다면 미소 지을 것이고
모른다면 한갓 몸만 고생 시킨다
잔소리가 많구나
예-끼

하늘 밖에 하늘이 있고

손에 잡았던 목탁 요령 모두 놓고
가야산 해인선원에 앉으니
천하 선지식과 짝하는 데 손색이 없거늘
내 어찌 금강金剛에 그렇게 세월 쏟아 부었는가

열반묘심涅槃妙心이 본래 있지 않는데
누가 묶어 놓아 생사해탈에 얽매였는고
하늘 밖에 하늘이 있는 것을 바로 알면
머리 깎고 먹물 옷 입은 책임 다 마쳤다 하리

남아장부

저 멀리 가야산 너머 흰구름아
너는 어디서 생겨 어디로 없어지는가
어제 같이 동안 소년이었건만
눈 한 번 뜨고 감는 사이
일갑자가 지났소
인간세상 한평생 꿈결같은 것을
지난 꿈 다 지워버리고
회한 없는 남아장부
도와 짝하고 싶소

낙락장송

하늘을 찌르는
해인사 낙락장송아
너는 지나간 고승들
다 보았겠지
그 옛날 퇴설당에서
정진하던 우리 스승도
너는 보았겠지
그때 이야기 듣고 싶은데
너는 말이 없구나

무상無常

동짓달 긴긴 밤에
먼저 간 선승 생각에
잠 못 이루고 있구려
머지않아 그 길 따라
가지 않을 사람 그 누구요
일갑자가 아이들 소꿉놀이 같소
허어 참
세상사가 이래 무상無常한 것을

집착

심성이 있다고 말하니
모두가 유에 집착하고
성품이 본래 공하다 하니
모두가 무에 집착하네

누가 생사가 있느냐고 묻는다면
있다고 대답하고
또 열반이 없느냐고 묻는다면
없다고 대답하리

자오自悟

산도 고요하고 물도 적적한데
상원사 뜰 앞 시월 보름달은
우예 이리 차가운고
세상 풍진 다 묻어두고
무상도無上道를 구하러
이 골짝에 들어왔다오
아무도 가보지 않은 곳에
오즉 심과心果가 있으니
이 심과를 먹으면
삼세가 하나로 통하고
생사의 길이
옴도 없고 감도 없다오

대중아 알겠는가!
이 도리는 부처님이 가섭에게 전한
이심전심以心傳心의 진면목으로
내가 알아 얻기 위해
지금 걷고 있노라

이 도를 알면
무량겁전에 내가 옴을 알고
영겁후라도 내가 가는 곳을 알 것이다
동지섣달에 복사꽃 핀 것 보듯
나날이 즐겁고 또 즐거울 것이로다

계곡물 흘러가듯이

절은 옛 절 그대로인데
스님은 옛 스님 아니구려
동문수학하던 학승들은
다 어디로 갔는고
불영산 계곡물
인연 따라 흘러가듯이
인연 따라 살고 있겠지

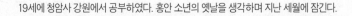

19세에 청암사 강원에서 공부하였다. 홍안 소년의 옛날을 생각하며 지난 세월에 잠긴다.

동암東巖

虛空本是 無內外 허공본시 무내외

何處生死 有二也 하처생사 유이야

欲知東巖 去來事 욕지동암 거래사

黃面老子 一見鼻 황면노자 일견비

허공은 본래 안과 밖이 없음이요
생사가 어찌 둘이 있으리오
동암의 가고 옴을 알고저 한다면
법당에 들어 옛 부처의 코를 한번 보라

옛 부처의 설법

봄이 되면 백 가지 꽃이 피지만
어느 하나의 꽃을 위해
봄은 오지 않고
꽃 역시 어느 누구만을 위해
피지 않는다
부처님도 어느 한 사람만을 위해
법을 편 것은 아니다

선문답

길이 멀다 가깝다 탓하지 마소
공부가 깊은가 얕은가 셈해보소

구구는 열여덟이요
칠칠은 사십구니라

이래도 맞고
저래도 틀리도다

조주무자趙州無字와
같은가 다른가
대중아, 얼른 대답해보소

꿈속 일

어느 산골 이름 모르는
한 그루의 나무처럼 살다가
조용히 이 세상을 떠나리
모두가 꿈에 본 사람인 것을
어디에 애착을 두겠나
어리석고 어리석다
모두가 꿈인 것을

세월

말만 듣던 송광사 여름
우예 이렇게 더운고
송광사 더운 여름도
가을 빛에는 이기지 못하리
이 세상 어느 선승인들
세월 이기는 사람 있을려고
이 세월 이기지 못해
청춘이 다 갔구려

오대산

차가운 눈 바람 소매 끝에 스며드는데
어이하여 멀고 먼 오대산에 고목처럼 앉았는고
철모를 소년시절 불연 깊어 입산하여
일갑자가 지나가고
해는 정오를 넘어 서산에 기우는데
나그네 갈 길은 멀기만 하구려
오백년 전 세조의 업연 문수 만나 씻었듯이
이 몸 전생금생 업연 참선으로 녹이겠소
이루지 못한 남은 일들은
미련 없이 접어두겠소

기다림

첩첩산중 오대산에
설경이 가득하고
눈 얹은 나목裸木은
춘삼월을 기다리는데
선방에 앉은 수좌는
하늘 밖 한 소식消息을 기다리누나

용샘골

남녘의 봄 한 움큼
용샘골 골짜기에
살며시 놓아
이 골짜기에도
봄이 오는구나
다락논 개구리 울음소리
더 크게 들리고
뜰 앞 수양버들
더 푸르게 보이누나
봄은 좋아라
내 맘에도 봄이 오면 좋겠네

2003년 봄 용샘골 토굴에서 쓴다. 용샘골은 내가 정진하던 토굴이 있던 골짜기 이름이다.

가야산

그렇게 높아 보이던 것이
어찌 이래 낮아 보이는고

내 눈이 높아지고
마음이 넓어지고

일갑자를 지난 해는
서산에 걸렸구나

다행이고 다행이다
늦게라도 선방에 앉았으니
이 얼마나 다행인가

부질없는 세상사 놓아버리고
조사관문 뚫어내어
평생사를 마치리라

수도암

산은 옛 산이로대
법당은 옛 법당이 아니고
부처는 옛 부처로대
사람은 옛 사람이 아니구려

그 옛날 수도암 지키던
노보살들은 어디로 갔느뇨
사십육년 세월 바람같이
감은 눈 뜨지 못하면 저승인 걸

청아한 내 글 읽는 소리
이 산중에 아직 맴도는데

긴 세월 바람같이
이 몸은 늙었구려

옛 생각에 젖노라면
무정한 세월 원망스럽구려
수도암 낙락장송아
그 시절 돌려다오

진면목

상원사 선방에 자리 틀고 앉으니
웅장하고 깊은 오대산은
마음씨 넉넉한 아줌씨같고
눈앞에 설경은 한 폭 그림이구나

여래의 진면목을 누가 알리요
허공과 수명이 같은 것을
부질없는 사람이
공연히 흔적을 찾는구나

산에 사는 물고기

현묘한 이치는
오묘하고 그윽해서
삼라만상 그대로
모두가 진리인 것을

범부는 그것도 모르고
산에 가서
물고기를 찾는구나

인생

오십 년 삶
유수같이 흘러갔고
뜬구름같은 인생
철새처럼 잠깐 왔다가는 걸
세상사 크고 작은 일
시비한들 어디 쓸고
눈 덮인 산간에서
겁밖에 일 붙잡고
씨름이나 해 볼거나

부처 그림

부처 그림 마쳐 보계寶界에 들고자 하나
왜 이래 마魔가 많은가
세상물정 내 아는 바 아니나
금강사 일들이 티끌의 마가 되네
아옹다옹 중생들의 삶 벗어나
인적 드문 선계에 머물고 싶으나
전생의 나의 업연
오늘도 그림자처럼 따라다니네

부처 그림 완성하는 때
그 언제런고

인생무상

금강사 떠나올 때 흙담 밑에 핀 황국화
설한풍 찬 서리에 동지섣달 견뎌내고
고운 자태 땅 속에 묻어두었네
다시
삼월이면 움트고 잎새 돋아
새 삶이 시작되건만
북망산천 호걸들은
언제 다시 온다 기약조차 없네

해제 전날

주지 소임 금강에 놓고
무심으로 선방에 앉았네
좋은 일 궂은 일 지난 세월
거울 앞에 비춰지는데
못다한 일 남은 후회
낮잠 속에 꿈이더라

꽃피는 삼월은
남녘에서 태동하는데
오대산 바위는
흰 눈을 품었구나
지난 구월에 바랑 맨 선객들

어느새 삼동 지나
햇볕에 옷가지들 늘고 있네
해제 맞은 수좌들
언제 다시 한 회상에서
무상도를 닦아볼까

부모형제 이별하고 몇 봄을 보냈던고
정감에 무딘 이들아
손이나 한 번 흔들고 가소

상원사

웅장하고 깊은 오대산은
천년고찰 상원사를 품었네

땅거미 짙어지면
산사의 저녁 종소리 퍼지고
다시 앉아 자문하기를

나는 누구인가
왜 여기에 와 있는가

마음에 건곤을 안고
대도를 얻은 뒤

누가 길 없는 길 묻는다면
해 지는 곳은 서산이요
달 뜨는 곳은 동산이라

설경

가야산 설경은
정말 아름답구나

태고에도 이러했거늘
그때 노승들
다 어디로 갔는고

우리 은사도
해인사 설경을 보았겠지

사바세계가 아니면
어디에 이런 설경이 있을고

죽어 이 세상에
한 번 더 오련다

지인과 도담을 나누며
음미하면 더 좋을 것을

봄 오는 줄 몰랐네

상원사 앞산 설경에
눈이 부시고
내 마음 달빛에 젖어
맑기도 하여라
앞산 뒷산 지저귀는 새소리에
가는 세월 잊은 채
좌복 위에 앉아
봄 오는 줄 몰랐네

회향

상원사 하늘 위
검은 구름 덮히더니
어느새 흰 눈이
소복히 쌓인다
실타래 한 올 한 올
엮고 꿰어서 목도리 모자
보내온 정성
추운 날 고마움에 가슴 저린다
쉬지 않고 정진하여
견성 해탈하는 날에
그대 정성 잊지 않고
이 맘 다해 보답하리

섬진강

인고의 세월 견뎌온
섬진강은

많은 이야기를 담고도
아직 젊구나

가을 햇살에
고기비늘처럼 반짝이는 작은 물결들

가을바람에
솜털마냥 하늘거리는 갈대숲

강변 매화나무 벗나무는
먼 세월을 보내고도
다시 봄을 기다린다

섬진강은 아직도 젊어
흐르고 흐른다

나의 은사 철우 선사는 평생 참선수행에 전념하며 법향을 전했다. 1895년경 묘향산 내원사 조실로 계실 때 만해 한용운 스님, 지월 스님, 적음 스님, 최범술 등과 함께 묘향산 폭포에서 기념촬영하였다. 이때가 27세 때였다. 앞줄 좌측에서 세 번째 검은 옷을 입은 분이 만해 한용운 스님이고 네 번째가 철우 스님이다.

흐르는 강물처럼

흘러가는
저 강물을 보라

멈추지 않고
흐르는 강물처럼

견성이 어찌 멀다하리오

산삼 캐는 심마니가
산에 먼저 오른다고
먼저 캐는 것이 아니듯

멈추지 않고
흐르는 강물처럼

오직 화두 하나로 뭉쳐지면
삼 년 안에 자성을 보리라

무정가 無情歌

백설白雪이 천지天地를 덮고
고적한 이 암자도 덮었구나

겨울 햇살에 지붕 눈은
처마 끝에 똑똑 떨어지고
양지바른 뜨락을 거니노니
가슴까지 따스하네

꿈같은 풍진세상 뒤로하고
부처 찾는 나의 모습
고맙고 고맙구나

눈 속에 갇혀 부처 찾는 납자에게
공양을 묻는 이 없네

서글프구나 나의 행로
세상 인정 다 접어두고
무정가나 부르리

고독

하늘에 뜬구름
조석으로 변하지만
우뚝 솟은 산봉우리
천년 가도 변함없네

여름 숲 무성해도
청송만 못하고
방울새 여럿 지저귐도
학소리만 못하네

나의 권속 몇이라도
내 맘 아는 이 하나 없구나

슬프구나
세상 인정 생각해서 무엇하리
본래 고독한 것을

유유자적悠悠自適

근자에 큰 눈 없더니
백장암에서 큰 눈을 보는구나
꿈 같은 세상일
영원히 잊을 수 있다면
얼마나 좋으랴

간혹 눈 속을 나는 새들 바라보며
하루를 보내니
이것이 도인이 아니고
누가 도인이겠느냐

문을 닫지 못하네

지난 밤 용샘골 골짜기에
흰 눈이 하얗게 수를 놓았다

적막한 이 산중에
행여 찾아오는 이 있으면
이 설경 듬뿍 담아 줄 것을
사방을 둘러보아도
찾아 오는 사람 없네

백장암百丈庵 사문은
창밖에 눈 내리는 경치 못 잊어
문을 닫지 못하네

솔방울 새

새벽 예불 올리고
문 열어보니
어젯밤부터 내리는 눈은
멈출 줄 모르네

이 새벽
방문 앞 축대에 앉아
졸고 있는
솔방울 새 한 마리
새벽이라 등을 끄니
방울새는 방문 두들기며
날갯짓하네

외등을 다시 켜고
눈 오는 풍광을 함께 보니
너무나 좋아
기쁨을 감출 수 없네

공책에 적어봐도
이 설경 다 적지 못하고
혼자 좋아라 손뼉 치고 음미하네

이때 지음지기知音知己 있다면
차나 한 잔 나누며
담소 나눌 수 있으련만

가는 세월

얼음 속 흐르는 물은
수정 알 같은데
오대산에 밤이 깊으니
새소리도 잠잠하네
무심한 세월은
누구도 이길 수 없네
무정하다 돌미륵이여
세월 좀 묶어다오
홍안 소년
어느새 백발이오

오대산 풍광

바람 불고 눈 내리면
풍광은 그윽한데
오시는 님
앞 가릴까 염려되고
창가에 비친 달 그림자
님인가 문을 여니
문 앞을 지나는 바람이었네
적적한 이 산중에
누가 날 찾을까마는
공연히 수도승의 마음
설레이네

한 물건

인간의 몸은
무너지고 흩어져
물로 바람으로 돌아가지만
한 물건은
언제나 신령하여
하늘을 덮고 땅을 덮는구나

달빛

동지달 열사흘 오대산 달빛은
어째 이리 고울까
청아하고 밝은 달빛 높기도 하여라
야인은 얕은 맛에 어쩔 줄 몰라 하고
도인은 그윽한 맛에 취하네
전생 인연 아니면
내 어찌 오대산 달빛을 보겠는가
이 몸 버리고 다시 한 번 오더라도
나는 기꺼이
이 옷을 입으리오

마음 자리

푸른 산은 쓸지 않아도
본래 깨끗하고
적적한 내 자성은
닦지 않아도 본래 부처일새
구름 속에 가린 달빛
천년 가도 변함없고
소중한 마음 부처
만년 가도 변함 없소

도道

찾아도 찾아도
없고 또 없다

찾아서 없는 줄 알면
집안일을 마친 장부로다

허공은 비고
또 비어서도
만상萬象을 감싸고

영지靈知한 도는

고금을 꿰뚫었네

허공은 거래去來가 없고

나의 도는 시말始末이 없도다

옛날

뻐꾹새 우는 소리도
그때 소리요
수도산 맑은 달빛도
그때 달빛이건만
사람은 그때 사람
하나도 없다오
텅 빈 옛 암자에
그때 선객들 어디로 가고
나만 홀로 남았을고

지난 세월 아득한 옛날이라
어디 딴 세상 살다

다시 환생한 듯하오
지나온 만큼 세월 흐른다면
나는 이 세상에 다시 없소

문틈을 지나간 화살처럼
세월은 빠르고 무상하니
영겁을 넘나드는 도인은
세월에 무디고 인정에 메마르지만
이승에 남아 있어
지난 세월 추억에
고요한 수행자의 가슴에
파도波濤가 일렁인다

옛 부처의 자리

나의 도는 비고 공해서
고불古佛이 지나간 자리

비고 공한 가운데
도가 있는 줄 알면
공겁이전空劫以前의
자기를 알 것이로다

모란꽃

수도암 축대 밑에
곱게 핀 모란꽃
삼동三冬 혹한에
모진 고통 견디어
너의 자태
꽃 중에 으뜸이구나
인고의 삼동이 없었으면
너의 고운 자태
오늘 못 보았을 것을

고비 고비 어려운 고비

넘고 또 넘어야

무심도인無心道人 되는 것을

화두타파

하나가 열리면
둘 셋 연달아 열리는 것이
조사공안祖師公案 아니던가

화두타파가
세수할 때 코 만지는 것보다
쉽다고 한 말들
우예 이래 딱 맞을까
신통하고 또 신통하구나

이제 할 일 없어졌으니

주장자 짚고

옥석대나 왔다 갔다 할까부냐

없다

옛 부처 오기 전에
달은 천강千江에
인印을 쳤고
옛 달마는
본래 있던 도를
펼쳐보였다

무無라!

달

보름을 앞둔 깊은 산 속에
달빛은 더욱 빛난다
세속의 불빛과 어울리면
보지 못할 그윽함이
깊은 산 속 선방에 내려앉는다
방문을 열고
하늘을 올려다 본다

진소식眞消息

지나간 세월 영화와 번민들
태양 아래 반딧불 같구려

용샘골 산자락에
한 간의 토굴 지어놓고
지나간 도인들 발자취 더듬으니
이것이 선인仙人의 경계인가
도인의 입경入境인가

시름없는 마음에 창을 열고
먼 산 바라보니
동지섣달 산천은

차갑기도 하여라

이제 금강사 모든 일들 잊고
용샘골에서 선禪 속 졸음으로
겁밖에 진소식眞消息 얻으리라

무정한 세월

동천에 뜬 보름달은
동지라 더욱 차갑고
나의 마음 따라 차갑구나

세상 좋은 일
넓고 훤한 길도 많은데
어째서 이 산골짜기에 들어와
손수 밥 해먹고
정진한다고 고생하는고

머리 깎고 먹물 옷 입은 지
어언 사십 년

동안이던 나의 얼굴
어느새 주름지고
삭발한 머리엔
흰머리 올라오네

아아 무정한 세월은
이리도 빠르고

번뇌

밤은 깊어 삼경인데
동짓달 바람 소리
옷깃을 여미네

도를 얻는 것도 번뇌요
도를 얻지 못함도 번뇌로다

차라리
아무것도 모르는 촌부처럼
한 세상 살다 갈 것을

삶

낙엽 떨어진 나목은
고독하게 서 있는데
멀리서 들려오는 오작소리에
살아 있는 줄 알겠더라

정진

선원에서 정진하노라면
가끔
오늘이 며칠이더라 하면서
세상일에 무딜 수 있다

칠불선원

섬진강 굽이굽이
몇 천 년 흘렀던고
삼신산三神山 우뚝 솟아
몇 만 년 앉았던고
산은 높고 바람은 고요한데
산까치들만 노래하고
칠불선원 선객들은
고목처럼 앉아 있네
자기 부처 가슴에 안고
목통木桶 부처 찾는구나
한 생각 깨고 나면
모두가 꿈속 일인 것을

백팔 계단

지리산 칠불 골짜기에
눈바람 차가운데
백팔 계단 밟고 밟아서
세 번 공양도 힘드는구나
섬진강 물 다 들이마시고
지리산을 다 짊어진다 해도
내 맘 채울 수 있을까
확철대오 구도심으로
힘 드는 일 마다 않고
찬바람 맞으며
백팔 계단 오르내리네

엄마

엄마는 나를 있게 한
소중한 존재입니다
이 세상 무엇과도 견줄 수 없고
무엇이라 표현해도
그 고마움을 채우지 못합니다
엄마가 돌아가시고
부디 부디 극락왕생하시라고
천도재를 올립니다

슬픔을 삼키지 못해 터져 나온
엄마 잃은 막내딸의 외마디

엄마!

엄마를 부르는
애절한 소리는 염불입니다
주지승도 눈물 글썽이며
염불합니다

나무아미타불
나무아미타불
나무아미타불

2011년 즈음 천안 보살 사십구재날, 막내딸은 애절한 마음으로 엄마를 소리쳐 불렀다.
무엇이라 표현할 수 없을 정도로 가슴이 먹먹했다. 한참 동안 엄마를 생각해본다. 이 세상에
엄마 없는 사람이 어디 있겠는가.

아침

봄은 놓지 않아도
스스로 가고

가을은 당기지 않아도
스스로 온다

청춘은 밀지 않아도
스스로 가고

백발은 당기지 않아도
스스로 온다

붉은가 푸른가

비록 주지 콧구녕에 코뚜레 꿰었으나
어찌 자유롭지 못하리오

다른 스님들 꿈속에 거닐고 있을 때
나는 꿈을 깨고 산천구경 떠나오

공심空心에 유화有花하니
이 꽃이 붉은가 푸른가

칼날

비온 뒤 봉황유수鳳凰流水

소리 내어 흐르고

시심마是甚麼 소식에

웃음 지울 수 없네

벽안종사碧眼宗師 찾아가

칼날이 섰는지 무딘지

거량이나 해볼까나

유명한 대장장이 없다면

나의 칼날

보검寶劍인지 무쇠인지

알 길 없다오

열반적정

어느 날 병든 몸으로
흔적 없이 사라지거든
찾을 생각일랑 하지 마소

깊은 산 속
양지 바른 바위 밑에
단정히 앉아
그대로 열반에 들리라

봄이면 바위 틈새
풀잎 돋아 날 웃게 할 것이고
여름이면 나무그늘
시원할 것이고
겨울이면 흰 눈 내려
열반적정 고요하겠지

얼마나 고맙고 고맙겠소

늙은 부처의 얼굴

희양산曦陽山 봉황문鳳凰門
고금에 의연한데
지나간 고승들
지금 어디에 있는고
마애불磨崖佛 오솔길
반석 위 걷노라면
향곡香谷 성철性徹 웃음소리
개울가에 가득하네
때로는 웃음소리
때로는 법거량法擧揚 고함소리
뉘라 그대들
따르지 않을 납자衲子 어디 있겠소

가고 옴이 본래 없다지만
거래去來가 없는 길을 찾아
이 산중에 들어왔소
일거에 길을 찾아
바로 들어가면
즉견황면노자即見黃面老子니라

알면 앞뒤 천년이 없고
모르면 평생을 앉아 있어도 헛일이로다

희양산 봉황문은 봉암사 일주문에 있다. 백운 계곡을 따라 절에 들어서면 일주문에 '희양산
봉암사曦陽山鳳巖寺'라고 걸려 있고, 뒤편에는 '봉황문鳳凰門'이라고 걸려 있다.

송頌

萬法通一路 만법통일로
萬象一根樹 만상일근수
前千本來無 전천본래무
後千如何在 후천여하재

만법은 한 길로 통하고
만상은 한 뿌리더라
앞에 천년이 본래 없는데
후에 천년이 어디 있겠는가

옛 고향

잃어버린 고향 찾아
사십 년 헤맨 끝에
어렵게 찾은 고향
틀림없이 내 고향이네
동네 어귀 당산 나무
축대 밑에 황국화
어릴 때 본 내 집일세
행여 내 집 아닐까봐
방문 열고 들여다 보니
내가 쓰던 문갑
변함없이 그대로이니
죽기 전에 찾았으니

이 얼마나 다행인가
두견새가 꿈을 깨고
사방을 둘러 봐도
눈 밝은 어른 하나 없어
문서 찾아 확인하고
크게 한 번 웃고 나서
하늘 밖에 문을 여니
담 넘어 홍매화 紅梅花
한 가지가 피었더라

찬향곡성철讚香谷性徹

향곡香谷 성철性徹 노사老師여
지금 어디에 있습니까!
노사들은 가고 없어도
그대들의 법거량 소리는
이 산중에 남아
납자들을 경책하고 있구려

희양산 뻐꾹새 소리
그때도 있었겠지요.
그때와 지금이
같습니까 다릅니까
얼른 대답해주시오

뻐꾹새는 고금이 있으나
소리는 같겠지요
사람은 고금이 있으나
깨침의 경계 겁외일구劫外一句는
한 치도 어긋남이
없겠지요

스스로

못을 파면
달이 스스로 찾아오고
도道가 높으면
사람이 스스로 찾아온다

산 그림자를
손으로 밀쳐내려 하지마라

어리석음은 어둡고 미迷한 것이며
천진天眞은 밝고 꾸밈이 없는 것

풀잎에 맺힌 이슬은
해가 뜨면 없어지고

지혜가 밝으면
죄업罪業은 스스로 엷어진다

불나방

한 곡조 노래 소리를
봄바람에 날려 보내고
산새소리 지저귐도
흐르는 계곡 물에 흘려보낸다
늦은 봄 목련 꽃잎은
툭 땅에 떨어지고
깊은 밤 고요한 달빛은
나의 창문을 비춘다

세상사 다 접고
몇 봄을 보냈던고

방장 조실 어른 흉내는
떨어진 적삼보다 못한 것을
범승凡僧들은
불을 쫓는 불나방처럼
덤비고 있네

나는 가련다
해탈의 길로
졸리면 잠자고
배고프면 밥 먹고
해탈의 길로

꿈속 사람

꿈속 사람이
꿈 이야기를 하니

모두가 꿈이로다
한백년 세상사

꿈 아닌 것이 어디 있는가
이것이 꿈을 깨는 도리

是甚麼

≪삼국유사三國遺事≫에 '조신調信의 꿈' 이야기가 있다. 하룻밤 꿈속에서 평생을 경험한 조신을 통해 인간의 세속적 욕망이 얼마나 덧없는 것인가에 관한 깨달음을 준다. 대강의 줄거리는 이렇다.

신라 때 조신이라는 스님이 강릉에 갔다가 그 곳 태수 김흔공의 딸에게 반하여 낙산사 관음보살에게 그녀와 혼인하게 해 달라고 빌었다. 그러나 그녀가 다른 사람과 혼인을 하게 되자, 조신은 관음보살을 원망하며 울다가 잠이 들었다.

한밤중에 그녀가 찾아와 일찍이 스님을 사모하였다고 하면서 부부가 되고 싶다 말하자, 조신은 매우 기뻐하며 그녀를 데리고 고향으로 돌아가 사십 년을 살면서 다섯 명의 자녀를 두었다. 하지만 너무 가난하여 끼니조차 잇기 어려웠다. 그런 어느 날 큰아들이 굶어죽었다. 조신은 통곡하며 아이를 길가에 묻어주었다. 조신 부부는 네 아이를 데리고 초가집을 짓고 살았는데 딸아이가 밥을 얻으러 동네로 나갔다가 개에게 물려 아파서 울었지만 아무것도 해줄 수 없어 눈물만 흘렸다.

그러다 문득 부인이 "사람이 만나고 헤어지는 것도 정해진 운수가 있나봅니다. 하오니 우리도 이제 그만 헤어집시다"라고 하여 아이를 둘씩 나누어 데리고 헤어지기로 하였다. 부부가 작별인사를 하고 막 떠나려 할 때 조신이 문득 꿈에서 깨어 보니 밤이 이미 깊었다. 하룻밤 꿈에 수십 년을 살았던 조신은 세속적 욕망의 덧없음을 깨닫고 사재를 털어 정토사를 세우고 평생 근신하며 살았다고 한다.

말글 너머

문필 좋은 학사 글재주는
땅 밖 지렁이가
자기 자국 그리는 것 같고

구변 좋은 선승 말재주는
궂은 날 나무에 붙어 우는
청개구리 같구나

말글 너머
마음에서 마음으로 전한 것
이것을 도라 하네

분수

명예와 먹을 것만 찾는 식신食身에게
가사袈裟 한 벌은 격식에 맞지 않아

눈을 감고 다니는 이에게
청산靑山을 준 들 무슨 소용 있나

명산名山에는 새소리 끊어지지 않고
깊은 골짜기에는 물소리 끊어지지 않네

산길

혼자 산길 가다
흥이 나면
노래 한 곡 부르고
이루지 못한 회한들
비우고 내려놓을 수 있는데
행여 내 노래 소리
누가 들었을까 봐
부끄러움에 고개 돌려
잠깐 얼굴 붉어지네
걸림 없는 도인의 발자취
아무나 하는 게 아닌가 봐

내려놓을 때

사방을 둘러봐도 사람 하나 보이지 않고
저 멀리 까마귀 소리 고요하여 쓸쓸하구나

면벽하고 앉은 이 사람아
외로움을 인내하고 있구나
도를 얻으면 뭣하려고
도를 깨달으면 어디에 쓰려고

밤 깊으니
부엉이마저 적막감을 더한다

많은 사람이 가는 평범한 길은

애당초 가슴에 담지 않았고
가는 길 가시밭인 줄 알면서도
홀로 걸어왔구나

봉정에 오르지 못해도
세월을 원망하거나
부처를 원망하거나
스승을 원망하거나
후회는 않는다

지금까지 살아온 삶이
몇 푼어치 안 돼도

내세울 것이 없어도

지금보다 더 늙어
곁에 상좌 하나 없어도
후회하거나 원망하지 않는다

마음속에 지니고 있는
미래에 대한 계획도
이제는 하나 둘 내려놓고
또 내려놓을 때

이루지 못한 화려한 희망도

어리석고 무모하게 대들지 않고
내려놓을 때

지나간 일에 잘못이 있어도
후회하거나 마음 아파하지 않고
내려놓을 때

걸어온 길도
남은 시간도
오직
마음 쉬는 여정이로다

바보

정작 수행할 복력을 짓지 못했는가
일주일을 정진할 여유가 없으니 말이다

집착을 놓으면 대도大道가 손에 잡히는데
집착과 욕망을 놓지 못하고 버리지 못하니

대도가 손에 잡힐 듯
견성이 눈에 보일 듯

십칠 세부터 백우白牛 찾으려 노력했건만
번번히 마魔가 생겨
부처가 달아나고 또 달아나고

백우 타고 피리 한 곡 불지 못하고
목마름에 물 한 번 크게 넘기지 못하니
바보 중에 바보더라

저녁 공양

암자에 산그늘 점차 짙어지고
울타리에 솔방울 새들도
잠잘 곳을 찾아 지저귄다

혼자 저녁 공양 마쳤다

왜 이래 혼자 밥 해먹고
고생을 불러 이곳에 왔을까

출가자의 본분사이거늘
이젠 나이 들어 외롭구나

한탄소리

몇 년 전 뜰에 심은 흰 연산홍은
저절로 곱게도 피었구나
산새들의 지저귐도 다정도 하여라
모내기 논엔 황토물 가득 받아놓고
멀리 논 개구리 제철을 만났네
홀로 토굴 짓고 정진해도
공부 복이 없으니
가슴 깊이 새어 나오는 한탄소리
뱉고 또 뱉는구나
영겁의 지은 업연
혼자 안고 가리라
혼자 안고 가리라

눈금 없는 저울

참선해 볼 요량으로
고즈넉한 산자락에
집 한 채 지어놓고
일용품 걸망에 챙겨
들어앉던 때가 언제인고
집 앞 묵밭 억새꽃
울타리 너머 휘날리고
북녘하늘 무거운 구름
금방 눈이 내릴 것 같구나
살아온 삶의 무게를
눈금 없는 저울에
살며시 얹어본다

불씨佛氏

부처 찾는 일 순조로와
영겁을 드나드는데
멀리 외딴집 경운기 소리에
비로소 이승인 줄 알겠노라

본래 이승과 저승이 없건만
괜스레 사람들이
김 씨金氏 박 씨朴氏 가리네

아하
동암의 성姓은
불씨佛氏라고 하여라

폐허된 옛 암자庵子

세월을 이기지 못해
폐허가 되었나

머물던 스님이 가버려
폐사廢寺가 되었나

뒤뜰 청죽은
고금에 변함없고

마당 끝 석축은
옛 암자를 지키고 있네

깨달음

지극한 도는
말로서 미치지 못한다
입을 열면 천진天眞을 깨뜨린다

크지도 않고 작지도 않으며
무겁지도 않고 가볍지도 않다

온 우주를 꽉 채워도
남지도 않고 모자라지도 않는다

얻는 것이 아니라
깨닫는 것이다

흥정

비좁은 길가 한 켠
담벼락을 등지고
채소 파는 할머니
내 나이도 팔아주소

내 나이 절반만 사준다면
세월 한 단 덤으로 드리겠소
예끼 이 사람 못난 소리
세월을 놓고 흥정하다니

천년을 지나도 오늘이요
만년이 지나도 오늘인 것을

미래

비 개인 어느 날
얕은 산마루에 올라
들판을 내려다 본다

크고 작은 논밭 다랭이들
참 아름답다

옛 어른들은
자기 등 굽는 줄도 모르고
열심히 일하다 세상을 떠났다
무성하게 자란 풀밭들이
그때를 말해주고 있다

늙어가는 줄 모르고
금강사에 심혈을 쏟았다

이 세상 떠난 뒤에는
풀밭으로 변해버린 논밭처럼
금강사도 퇴락하지 않을까

할喝

지극한 도는
말 길이 끊어진 자리거늘

법상에 올라
무슨 수다를 떠는고

그것도 모자라
주장자를 들고 춤을 추니

먼 훗날
덕산德山의 삼십방三十棒을
나는 못 말리겠소

에끼 이 사람 정우

무슨 그런 소리를

할!

참마음

나의 도道는 본래 비어 있으나
신령스럽게 있어 어디에도 싣지 못한다

도는 옛적부터 있어서
부처 조사가 지나간 자리다

곱게 물든 단풍잎 하나
떨어지지 않고
바람에 나부끼는데

나의 도는
신령스럽게 빛나는구나

봄들

산문에서 보낸 많은 세월
머리는 반백이고
눈은 희미하구나

지난 세월 곰곰이 헤아리니
봄들 아지랑이 같구나

여름 백장암 울타리에 앉은
노랑머리 할미새 한 마리는
북으로 날아가네

생멸

만물은 생生하고 멸滅하지만
폐허가 된 옛 암자를 보면
한쪽 마음이 허전하다

옛 부처의 마음을 얻으려는
운수납자의 숨소리가 들리는가!

뻐꾹새 소리

나는 어릴 때
농촌에서 자랐다

봄이 되면
뻐꾹새 알을 줍는다고
뻐꾹새 소리 나는 데만
산으로 들로 찾아다녔다

뻐꾹새 알은 줍지 못하고
몇 봄을 보냈던고

해는 서산에 기우는데
봄은 어느새 멀리 가버렸다
세월아 너만 가지
왜 나의 봄마저 가져가느냐

조사서래의

험한 산길 돌고 돌아
내 고향 돌아오니
복숭아꽃 만발하고
자고새 지저귀네

조사서래의祖師西來意 묻는다면
천년 묵은 복숭아 씨앗에
푸른 매화梅花 감추고 있는 것을
누가 알리요

마음 그림

윤달 드는 해 시월
달빛은 차갑고
지나간 일들 지우지 못해
붓을 들고
마음 그림 그리네

철 모르던 소년 시절
기쁨과 회한이 만든 세월
어언 노승이 되어가는구나

들꽃

중천에 뜬 달
잘난 사람 못난 사람

모두 비춘다

이름 없는 들꽃
그래도 나비는 앉는다

부처

본래 버리지 않았거니
있고 없고 말하지 마라

어둡지 않고 소소영영한데
무엇 때문에 찾으려 하는가

그냥 그대로 부처인 걸

풍진 세상

풍진 세상을 떠나
고요한 산 속에 들어가
삭발하고 먹물 옷 입으니
저절로 도인이 된 마음이네

개울물 혼자 흘러도
달빛은 비추고
대 그림자 뜰 쓸어도
낙엽은 그대로구나

청운의 푸른 꿈

장삼자락에 묻어두고

우거진 숲속에 산새소리 들으며

남은 세월 보내리라

살아 있음

새벽 정진에
부처 찾는 일 순조로워
입정 문턱에서 노닐었다

멀리 꿩 우는 소리에
비로소 살아 있음을 일깨우고

참꽃은 온 산천에 만발하고
봄새들이 지저귀고 있네

격외소식格外消息

쟁기로
구름 밭을 갈고
달을 캐 보니
달도 없고 구름도 없고
쟁기질하는 사람 또한 없더라

모두가 없는데
이 때를 당하여
무엇으로 공부를 지을고

예끼 이 사람
거북 등에 털 난 소리를

무無

찾아 꿰뚫어 봐도 없는데
없는 것도 아니다

사바세계가
물 위에 뜬 거품 같고
명인달사도
번갯불에 지나가는 한낱 그림자 같은데
범부도 부처 조사도 없다

본래 그대로 부처인 것을
뭐 그리 찾으려고 애쓰는가

방하착

그대 살림살이 몇 푼어치 된다고
새벽별 보고 나간 사람이
저녁달 보고 들어오느냐
너의 인생살이 앙상한 나무에
하나 남은 붉은 낙엽같구나

속세에 찌든 마음도
놓지 못했는데
어찌 부처의 지혜를 구하랴

마음

산그늘 방문을 밀치고 들어와
밀어내도 나가지 않고

대나무 그림자 밤새워 마당 쓸어도
낙엽은 그냥 있네

웅덩이에 잠긴 달
건질 수 없고

이놈의 마음
손으로 잡을 수가 없구나

무게

짧은 막대로
바다를 휘이 저어
깊이를 알겠는가

어떤 것이 부처냐고 묻는데
뜰 앞의 잣나무는 왜 꺼내느냐

조사관祖師關을 묻는데
곱추 이야기는 왜 하는고

도를 알면
연꽃만 들어도 미소로 답하지만

도를 모르면
손에 쥐어 줘도 모르는구나

범부凡夫가 어찌
도인의 경지를 칭량하리오

태산을 저울로 달아보니
몇 근이더냐

찬바람

차가운 바위 위로 흐르는
개울물도 차가워라

잎새 떨어진 나목裸木은
얼마나 차가울고

희양산 찬바람
옷깃에 파고드는데

무상도無上道를 풀지 못해
더욱 차갑구나

뜬구름

가사 장삼 팔고
목탁 요령 다 팔아서
뜬구름 샀더니
낮잠 한숨 자고 보니
뜬구름 가버렸네

바위 밑에 움막 짓고
허탈감에 앉았더니
구름은 다시 와서
내 귀에 속삭이네

나는 누구인가

마지막

하루 해가
저물 때

저녁 노을은
아름답다

인생도
저녁 노을처럼

인생의 마지막을 어떤 모습으로 끝맺음 할 것인가. 육신은 육신대로 정신은 정신대로 미련을
버리지 못해 추해진다. 번뇌는 집착을 낳고 다시 집착은 추함을 만든다. 번뇌를 여의고 집착을
없애는 것이 정갈해지는 방법이다.

무심無心

세상이 요동쳐도
강물은 무심히 흐른다

무심에 이르면
경계 또한 깊은데

무심인 줄 알면
곧 무심이 아님이니

그림자까지 없어야
비로소 무심이니라

부처 마음

눈이 아무리 내려도
물속에 비친 소나무 그림자
꺾기 어렵고

바람이 아무리 불어도
해와 달을
움직이지 못하네

힘으로 억눌러도
사람 마음 얻기 어렵고
참마음이 아니면
부처 마음 얻기 어렵네

우상愚想

하늘 그림을 그린다
티 없이 맑은 하늘
산 넘어 뭉게구름

이 그림 방 안에 펼쳐 놓고
중천에 뜬 달
모퉁이 조금 떼어다가
그림 앞에 달아 놓으면

얼마나 좋을고
얼마나 좋을고

백양사

새벽달
서산 나뭇가지에
걸렸는데
걸망지고
절간을 나온다

전생 인연으로
이 골짜기에서
한 철 살았는데
아쉬움 뒤로 하고
떠나온 백양사

심인心印

해는 서산에 기울어
땅거미 지는데

기와집 초가집을
누가 가리겠는가

배고픈 사람에게
보검寶劍이 필요 없고

밭 가는 농부에겐
비단옷이 필요 없네

애석타 사문의 일생

누더기 한 벌 전할 곳 없구나

죽비 소리

깨달아도 부처요
그냥 둬도 부처인 것을

왜 그리도 부산한가
축시에 일어나
삼경에야 등을 붙이니
이리도 힘드는구나

동지섣달 찬바람에
옷깃을 여미고

고목古木처럼 앉았으니
죽비 소리 매섭구려

기도하여라

진망眞妄

번뇌를 끊으려고
하지 마라

끊으려는 번뇌가
또 하나 더 생긴다

진眞을 구하려고 하지 마라
구함이 앞서면

이것은 진眞이 아니라
망妄이니라

본래 진망眞妄이 없는데
중생이 분별分別 하느니라

강물

늘어서 산에 못 오르면
산이 아름답고

백발이 왔을 때는
젊음이 아름답고

세상을 떠날 때는
남은 생이 더욱 아름다운 법이다

봄은 내년에 다시 오건만
흘러간 강물은
다시 올라오지 않는구나

봉암사 반살림 겨울산행을 나섰다. 모두들 용추 토굴로 산행을 하는데 '내가 최고령인데 갈
수 있겠나' 하는 망설이는 마음과 '혹시 다녀와서 병 나면 어떻게 하나' 하는 걱정에 이제 나는
늙었구나 하는 회한에서 몇 자 적는다.

탁마琢磨

흙을 물어다 집을 짓는 제비는
어느새 옛날이야기가 됐고
선방 앞 느티나무엔
까치가 집을 짓고 있네

바다에 사는 용이
어찌 개천에 집착하며
장천長天을 나는 기러기는
십리 길을 걱정하겠는가

내 비록 느즈막에 선방에 앉았지만
범승들과 키재기를 허락하리오

쉼

마음 깨치기는 쉬워도
마음 내려놓기가 어렵네

마음 쉼을 얻는 곳엔
어느 곳을 가도 한가롭네

청산은 떠난 백운을 기다리지 않고
백운은 청산에 매여 있지 않네

청산 백운은
크게 쉼을 얻었도다

지팡이

지팡이 하나 구하려고
이 산 저 산 다 헤매도

내가 사는 산에는
지팡이 나무 하나 없고

남의 산을 기웃거리는
내 모습이 처량하네

등 굽은 노승에게
지팡이 줄 사람 하나 없고

달빛은 교교한데
울고 있는 두견새는
그칠 줄 모르누나

고향 생각

정월 초저녁 달빛은
고창古窓에 비치고
마음 찾는 선승들
줄지어 앉아 있네

옛적에도 이러했고
훗날에도 이러하리라

화엄사 계곡물은
언제나 흐르고
밤도 고요하여
산색 또한 적적한데

천리 밖 고향 생각
번뇌로다

백팔번뇌

동지달 매서운 바람
옷소매 스며들고
샛바람 때리는 소리에
싸리 울타리 울고 있네

서쪽하늘 먹구름
어느새 함박눈 되어
허공을 수 놓네

삼일 후면 동지팥죽
어느새 한 해가 가는구나
세월아 너만 갈 것이지

내 청춘 왜 데리고 가느냐

이 생에 못다한 일
다음 생에 한 번 더 오면 될 것을
백팔번뇌 일으키네

번뇌다 열반이다 부질없는 말재주
여기 매이지 않으면
그저 도 닦는 사람인 것을

부처 찾는 길 묻거든

토굴에 들어앉아
모처럼 청소하고 문 열어
먼 산 바라보니
그대로 아름답구나
마침 일진풍 불어와
홍매가지를 흔드니
마음 경계가 확 트여
나도 없고 경계도 없고
이승도 없고 저승도 없더라

마음은 삼천 년 전을 꿰뚫고
경계는 수미산을 한 바퀴 돌고 오는구나

저울 눈금 모르는 사람이
저울을 들면 무엇을 알며
도인 보는 눈이 없는데
눈 앞 도인을 어찌 알겠는가

어떤 사람이 부처 찾는 길 묻거든
기둥 밑 주춧돌을 만져보라 할 것이로다

흔적

늦참에 다시 나온 선방
어언 구 년이 흘렀네
가는 곳마다 상석공양
사미들아 부러워마소
눈 감으면 저승길
발밑에 다가왔소
먹물 옷에 보낸 일생
깊은 후회 없지마는
그래도 남은 여한
말 못하고 떠나가오

설날

지리산 화엄사에서
칠십 고개 올라섰네
대중은 많아도
언제나 혼자인 걸
어린 시절 입산할 땐
짐작이나 했던가

나이 들수록 쓸쓸한 맘
갑절로 더하고
물소리 새소리
처량하게만 들리누나

바랑 메고 절간 생활

어딜 가나 매 한가지

올 설엔 지리산 화엄사

내년 설엔 글씨마저 쓰겠소

나는 모르오

세상 돌아가는 일
제 멋에 맡겨두고
바람 불고 비 오는 날
신발 돌려 놓으니
근심걱정 사라지네

열나흘 날 삭발하고
따신 물에 몸 씻고
풀 먹인 옷 갈아입으니
청정율사淸淨律師요 무위진인無爲眞人이로다

이름 높은 중 벼슬
너는 너 나는 나
세상 돌아가는 일
나는 모르오
나는 모르오

칠십 후

옛 고승들은
홍학을 타고 날아가버리고
한 번 떠난 고승들
다시 왔다는 말 없네

천고에 흰 구름만
상원사 산마루를 오고 가고
동지섣달 오대산은
차가움만 더하네

물소리 나던 개울물도
꽁꽁 얼어 멈춰 있는데

산비둘기 구럭구럭 지나간 뒤
옛 향수에 젖어 보네

달 속에 둥지 튼 학은
천 년을 꿈꾸고
눈 속에 앉은 선승은
칠십 후를 기약하네

보물

부처니 중생이니
내 알 바 아니로다

이름 높은 자리는
더더욱 겁劫 밖 일이거늘

산중에 눈 오는 풍광
천금을 줘도 사지 못하고

뜬구름 같은 인생
천고에 보물일세

그저 오는 것이 아니다

자증自證의 수행 없이
불조佛祖의 진면목을 어찌 알랴

뼈에 사무치는 공부로
출가한 보람과 단월檀越에 보답하리

스스로 게으른 마음을
경책하며 정진한다

내가 쓰고 먹는 것이
그저 오는 것이 아니다

소년

백 년 인생살이
뜬구름 같고
여행길 나그네
잠시 쉬어가듯
향 연기 깊은 골에서
세상살이 잊은 채
구름에 달 가듯
홍안 소년 다 가버렸네
백발이 성성한 이 몸
몇 해를 더 살겠소
이름 없는 고목처럼
그럭저럭 살다 가리다

깊은 산

늦가을 섬진강은
잔잔하게 흐르고
재첩 줍는 아낙네
굽이굽이 한 몸이네

불일폭포 절경에는
고운孤雲 선생 거닐다가
인간세상 눈에 띌까
흔적 없이 사라졌네

도를 깨치는 것
모두가 육손같은 일이라

깊은 산으로

깊은 산으로

흔적 없이 따라가고 싶소

천진天眞 그대로 진불眞佛이요

있는 그대로가 무상열반無上涅槃일세

미소

지리산에 또 눈이 내린다
가지마다 달린 눈꽃
지난 세월 헤아려보니
봄볕 아지랑이 같구나

속진에 묻힌 세월
몇 봄을 보냈던가
먹물 들인 좌복 위에
돌미륵처럼 앉았으니
도인이 따로 없네

긴긴 밤 동지섣달
지음지기 옆에 두고
등잔불 심지 돋워
그대 얼굴 마주보며
법담이나 나눴으면

나팔꽃

내 방 앞에 나팔꽃 한 포기
나뭇가지 꺾어
울타리를 만들어주었습니다
몇 송이 초록 초록 피었습니다
작년 여름 연관 스님이 심었다는데
연관 스님 가고
내가 그 방 쓰고 있어요
나팔꽃이 방을 들여다 봅니다

심은 사람 이미 떠났고
내년 이 때는 이 사람도
여기 없을 터인데

산책

먹물 들인 좌복 위에
부처 안고 졸고 있고
눈을 감은 장님은
빗장을 열지 못하네

본시 거래去來가 없고
본래 미오迷悟가 없는데

돌미륵 손을 잡고
석가 간 길 걷노라면
장송이 춤을 추고
새들이 노래하네

봄 꿈

선방에 가면 참선하고
강원 만나면 글 가르치고
재를 지내면 염불하고
살림살이 다 갖추었네
어차피 봄 꿈이요
소설에 한 토막인 걸
개울물에 떠내려가는
낙엽처럼
인연 닿는 곳에 멈춰서
남은 인생 살다가지

소우小雨

눈 녹은 작은 물은
졸졸 소리를 내며
낮은 곳으로
낮은 곳으로
흐르네

음지 잔설에도
봄 개구리는
부지런을 떨고 있다

쓸쓸히 내리는 소우小雨는
산승 마음을 적시는구나

거북털 토끼뿔

도라고 말하면
이미 그르친 이름
닦는다고 말하면
썩는 냄새가 진동하니
유무를 떠나서
다시 한 번 일러봐라

거북 등에 털 나고
토끼 머리에 뿔났다

예끼 이사람
무슨 그런 말을

얼굴

세수하다 거울 들여다 본
내 얼굴
홍안 소년 깨끗한 모습
세월에게 다 줘버리고
늙은 수행자는
무엇을 얻었던가

이제는 가련다
철새가 북으로 날아가듯
열반이 손짓하는
먼 곳으로
이제는 가련다

봄

사바세계
어디를 가나 봄인데
마음은 아직도 겨울이네
분별없는 곳에 분별하니
중생의 솜털
벗어나지 못하고
도인 계단
오르기 힘드네

무위진인 無爲眞人

험준한 고갯길
몇 번이나 넘었던가
물살 센 깊은 냇물
몇 번이나 건너런가
허겁지겁 달려온 길
어느새 해는 서산에 기우는데
아직도 길 걷는 나그네여!

각황전 향내음
코끝을 스치고
산사의 대종소리
골짜기에 퍼지는데

주지살이 접어두고
선방에 앉았으니
일 없는 출가장부
이것이 바로 무위진인이오

인연

잔잔한 개울물에 떠내려 가는
작은 올챙이 한 마리
손으로 건지지 마소

정처없이 떠내려 가다보면
내가 닿는 곳 있으리라

거기서 올챙이는
나의 인연처因緣處라 생각하고
개구리가 되어 한 세상 살리라

지장암터

인적 없는 깊은 산속
옛 절을 찾으니
절도 없고
스님 또한 없네

동자승 시절
점심 지난 때에 들러서
보리밥 한 그릇
맛있게 먹었는데

엄마 같은 노비구니와
머리 길게 땋은 처자는
간 데 없고
낙엽만 수북이 쌓였네

무상이로다

하동 쌍계사에서 불일폭포 올라가는 길에 옛 지장암 자리가 있다.

득도

물가에서
달을 건지려는
어리석음으로
어떻게 도를 얻겠는가

형체가 없어
얻으려고 손 내밀면
곧 얻지 못하느니라

결제

눈 내리는 화엄사
풍광을 그려도
다하지 못하고
흘러가는 개울물이
내 모습 그려도
모양 속에 모양 있는 것은
그들도 어쩌지 못하네

내일 모래가 갑오년
삼동 결제날이라

복력福力

마음은 옛 그대로인데
몸은 옛 몸이 아니구려
굽은 허리 펴기 힘들고
편 허리 다시 구부리기 힘드네
인간세상 한평생
낮잠 속에 꿈이거늘
초생달만큼 남은 인생
산천구경이나 마음껏 하고 가세

전생에 무슨 복 지었길래
인간 세상 태어나서
화엄사 각황전 사자탑 옆에서

도 닦는 나의 모습
어느 복력 비유한들
손색이 있으리오
비석에 이름 석 자 새기고
사바세계 떠나면
무슨 여한 남겠소

후회

후회는 없다
후회는 없다
이 길로 들어선 것을

만약에 만약에
세속에서 살았다면
앙앙거리는 아내
주고 또 줘도 만족을 모르는 자식들
내 어이 감내했을고

다행이다 다행이다
천만번 다행이다

새벽잠 부족해도
천자보다 낫고
도 닦는 일 힘들어도
임금님보다 낫소

이 길로 들어선 것이
천년의 보배로다

어느 날 칠공주의 가족생활을 그린 드라마를 보면서 느낀 점을 몇 자 적는다.

이뭣꼬

이대로
산중에 살기를 원하오
안개 속에 소 찾는 일
그 몇 해를 보냈던가
발자국 보고 따라가니
흑우 백우 본래 없고
소도 없고 찾는 사람 없으니
소 고삐 손에 잡고
이것이 또 뭣인고 시심마

정월 보름

지난 설 대목 내린 눈은
아직 용샘골에 가득하오

옛 고향 생각 머리에 이고
용수야 부르며 달려오는
누이 목소리 들리오

고향 떠나 사십 년이 되었건만
천년을 지나 아득하기만 하오

오늘은
정월 대보름

기다림

나무 속에 가려진
층층 석벽 푸른 이끼
몇 십 년을 살았던고
어제까지 눈 내려
이끼는 덮여 있고
어느새 빨래줄엔
풀 먹인 적삼 널려있네

손짓하며 반겨줄 사람
어디 있을까마는
그래도 해제는
선승들의 설날이라오

웅장한 지리산 천만년 앉아 있고
굽이굽이 섬진강 유유히 흐르네

칠십 노승 선방에 앉아
옛 부처 나기 전 소식 기다리네
한평생 살아온 세월
낮잠 속 한 꿈이더라

각황전 동백꽃은
하나 둘 피고 지고
어느새 겨울 삼동
말없이 지났구려

나는 떠나요
나는 떠나요

백년이 잠깐인데

세상만사 인간살이
낮잠 속에 꿈이더라
부평浮萍같은 인생
백년이 잠깐인데
북망산北邙山 저 무덤들
누가 너며 누가 나더냐

유수청산 벗하여
신선이나 되어서
장삼자락 휘날리며
금강산을 찾아갈까

그리운 벗들

설화雪花 가득한 골짜기
눈 오는 날에 다녀간
그대들 발자국
아까와 쓸지 못하네

세상 정념 잊고
살아온 지 오래 되었건만
그래도 방 안 가득한 정담情談들
귓전에 생생하네

이별

섬진강 갈대숲에
사뿐히 앉은 청둥오리
삼동 지나면 날아갈 것이고

걸망지고 찾아든 선객들
내년 정월이면
뿔뿔이 흩어지겠지

도화꽃 붉게 피어
벌 나비를 부르듯
깊은 골짜기 우거진 숲은
선객들의 수행처로다

세상 인연이란
만나면 이별하는 법
먼저 가고 뒤에 간들

잘 가시게

동암정우東巖正愚

평생 참선수행에 전념하며 법향을 전한 철우태주鐵牛太柱(1895-1979) 선사를
은사로 1960년에 출가하여 법을 이었다. 당대 강백인 통도사 호경 스님, 청암사
우룡 스님, 고봉 스님, 상주 남장사 혼해 스님으로부터 일대시교一代時教를
마쳤고, 동국대학교 교육대학원을 수료하였다. 대한불교 조계종 총무국장,
교무국장, 포교국장을 거쳐 조계종 중앙종회 11대, 12대 종회의원을 역임했다.

지금은 구미 금강사金剛寺 회주會主 소임을 맡으면서 다양한 포교 활동과
지역사회 활동을 전개하는 동시에 범어사, 불국사, 봉암사, 해인사, 송광사,
상원사, 청암사 수도암, 칠불암, 정혜사, 망월사, 통도사, 태안사, 화엄사, 벽송사
등 제방선원에서 참선수행으로 안거 정진을 이어가고 있다.
지은 책으로 강설집 《선가귀감禪家龜鑑》, 《진심직설眞心直說》 등이 있다.